Diego Hurtado de Mendoza

Sonetos

Edición de Ramón García González

Barcelona **2024**
Linkgua-ediciones.com

Créditos

Título original: Sonetos.

© 2024, Red ediciones S.L.

e-mail: info@linkgua.com

Diseño de cubierta: Michel Mallard.

ISBN rústica: 978-84-9007-670-5.
ISBN ebook: 978-84-9007-666-8.

Sumario

Brevísima presentación

La vida

Diego Hurtado de Mendoza (1503-1575). España.

Tras muchos viajes, una vida larga y fructífera, murió en Madrid, su ciudad natal. Como otros nobles de su tiempo, don Hurtado de Mendoza fue un verdadero hombre renacentista. Sabía griego, latín, árabe e italiano. Fue diplomático, militar y, sobre todo, poeta.

Entre sus antepasados se cuentan al marqués de Santillana y don Íñigo López de Mendoza. Entre sus virtudes, sobresalen su excepcional don de gentes, su arte de la conversación, su carácter franco y abierto y su destreza en las armas.

Tuvo una carrera brillante como diplomático. Fue embajador en Italia y asistió al famoso Concilio de Trento. También fue gobernador en Siena. Diego Hurtado de Mendoza es considerado un gran poeta, lleno de emoción y sencillez, pero grandilocuente en su dominio de la forma.

I

La soledad

Amable soledad, muda alegría,
que ni escarmiento ves, ni ofensas lloras,
segunda habitación de las auroras;
de la verdad primera compañía.

Tarde buscada paz del alma mía,   5
que la vana inquietud del mundo ignoras,
donde no la ambición hurta las horas,
y entero nace para el hombre el día.

¡Dichosa tú, que nunca das venganza,
ni del palacio ves, con propio daño,   10
la ofendida verdad de la mudanza,

la sabrosa mentira del engaño,
la dulce enfermedad de la esperanza,
la pesada salud del desengaño!

II

Sangrienta perdición, yugo tirano,
guerra cruel, origen y osadía
de la injusta primera tiranía
que puso cetro en poderosa mano.

Bárbara ley, tan murmurada en vano,   5
ayudar del morir a la porfía
como si nos costara solo el día,
como si nos sobrara el ser humano.

Mas aunque más, ¡oh, guerra!, estés culpada,
es mayor la de fáciles antojos   10
en bello campo de belleza armada;

no quiero amor, más quiero dar enojos
a la dura violencia de una espada,
que a la blanda soberbia de unos ojos.

III

—¿Qué hacéis, señora? —Mírome al espejo.
—¿Por qué desnuda? —Por mejor mirarme.
—¿Qué veis en vos? —Que yerro en no lograrme.
—¿Pues por qué no os lográis? —No hallo aparejo.

—¿Qué os falta? —Uno que fuere en amor viejo. 5
—¿Pues qué sabrá ese hacer? —Sabrá obligarme.
—¿Cómo os ha de obligar? —Con empeñarme
sin esperar licencia ni consejo.

—¿Y vos resistiréis? —Muy poca cosa.
—¿Qué tanto? —Poco más de lo que digo, 10
que él me sabrá vencer si es avisado.

—¿Y si os deja por veros rigurosa?
—Tenerle yo he después por mi enemigo,
vil, zafio, necio, flojo y apocado.

IV

Dícenme, Don Jerónimo, que dices,
que me pones los cuernos con Ginesa;
yo digo que me pones cama y mesa;
y en la mesa, capones y perdices.

Yo hallo que me pones los tapices   5
cuando el calor por el octubre cesa;
por ti mi bolsa, no mi testa, pesa,
aunque con molde de oro me la rices.

Este argumento es fuerte y es agudo;
tú imaginas ponerme cuernos; de obra   10
yo, porque lo imaginas, te desnudo.

Más cuerno es el que paga que el que cobra;
ergo, aquel que me paga, es el cornudo,
lo que de mi mujer a mí me sobra.

V

Tiempo vi yo en que amor puso un deseo
honesto en un honesto corazón;
tiempo vi yo, que agora no lo veo,
que era gloria, y no pena, mi pasión.

Tiempo vi yo que por una ocasión   5
dura angustia y congoja, y si venía,
señora, en tu presencia, la razón
me faltaba, y la lengua enmudecía.

Más que quisiera he visto, pues Amor
quiere que llore el bien y sufra el daño,   10
más por razón que no por accidente.

Crece mi mal, y crece en lo peor,
en arrepentimiento y desengaño,
pena del bien pasado y mal presente.

VI

A un devoto

Dentro de un santo templo un hombre honrado
con grave devoción rezando estaba;
sus ojos hechos fuentes enviaba
mil suspiros del pecho apasionado.

Después que por gran rato hubo besado   5
las religiosas cuentas que llevaba,
con ella el buen hombre se tocaba
los ojos, boca, sienes y costado.

Creció la devoción, y pretendiendo
besar el suelo al fin, porque creía   10
que mayor humildad en esto encierra,

lugar pide a una vieja; ella volviendo,
el «salvo honor» le muestra, y le decía:
«Besar aquí, señor, que todo es tierra».

VII

Hoy deja todo el bien un desdichado
a quien quejas ni llantos no han valido;
hoy parte quien tomara por partido
también de su vivir ser apartado.

Hoy es cuando mis ojos han trocado   5
el veros por un llanto dolorido;
hoy vuestro desear será cumplido,
pues voy do he de morir desesperado.

Hoy parto y llego a la postrer jornada,
la cual deseo ya más que ninguna,   10
por verme en algún hora descansada.

Y porque con mi muerte mi fortuna
os quite a vos de ser infortunada,
y a mí quite el vivir, que me importuna.

VIII

En la pared de cierto templo viejo
está una imagen hecha sin primor,
destajo del pincel de Blas pintor,
a costa de la Iglesia y del Concejo;

con un letrero puesto allí, bermejo,　　　　　　5
de letra grande escrita alrededor:
«Esta obra Mandó Hacer Aquí el Señor
Teniente Cura, Juan de Busto el Viejo».

Mas Gil no consintió que el rubicundo
letrero sin reproche se prosiga　　　　　　10
sin que el Concejo al menos se nombrase;

ved cuales son las cosas de este mundo,
que nunca falta un Gil que las persiga,
como a esta no faltó quien la enmendase.

IX

En cierto hospedaje do posaba
Amor, vino a posar también la Muerte;
o fuese por descuido o mala suerte,
al madrugar Amor, como lo usaba,

tomo de Muerte el arco y el aljaba   5
(y no es mucho, si es ciego, que no acierte);
Muerte recuerda al fin, tampoco advierte
que eran de Amor las armas que llevaba.

Sucedió de este error que, Amor pensando
enamorar mancebos libertados   10
y Muerte enterrar viejos procurando,

vemos morir los mozos malogrados,
y los molestos viejos que, arrastrando,
se van tras el vivir enamorados.

X

Yo soy, cruel Amor...

Yo soy, cruel Amor, el que has traído
con vanas esperanzas engañado,
y quien había de haber escarmentado
ya en los propios males que he sufrido.

Yo soy quien tus mentiras ha creído,   5
y aquel que por creerlas ha llegado
a ser contigo el más desventurado
de cuantos tus banderas han seguido.

Pero si en todo el tiempo que viviere
tornare a tu poder, que en él me vea   10
muriendo por quien más aborreciere.

Y porque mi jurar más firme sea,
que si jamás, Amor, yo te creyere,
quien causare mi mal no me lo crea.

XI

Días cansados, duras horas tristes,
crudos momentos en mi mal gastados,
el tiempo que pensé veros mudados
en años de pensar os me volvistes.

En mí faltó la orden de los hados,   5
en vos también faltó, pues tales fuistes,
que podréis en el tiempo que vivistes
contar largas edades de cuidados.

Largas son de sufrir cuanto a su dueño,
y cortas cuando hubiese de quejar;   10
mas en mí este remedio no ha lugar;

que la razón me huye como sueño,
y no hay punto, señora, tan pequeño,
que no se os haga un año al escuchar.

XII

Como el triste que a muerte es condenado
gran tiempo ha, y lo sabe y se consuela,
que el uso de vivir siempre en cuidado
hace que no se sienta ni se duela,

si le hacen creer que es perdonado   5
de morir cuando menos se recela,
la congoja y dolor siente doblado,
y más el sobresalto lo desvela;

así yo, que en miserias hice callo,
si alguna vanagloria me era dada   10
presto me vi sin ella y olvidado.

amor lo dio y amor pudo quitallo;
la vida congojosa toda es nada,
y ríese la muerte del cuidado.

XIII

Vuelve el cielo, y el tiempo huye y calla,
y despierta callando tu tardanza;
crece el deseo y mengua la esperanza
tanto más cuanto más lejos te halla.

Mi alma es hecha campo de batalla,   5
combaten el recelo y confianza,
asegura la fe toda mudanza
aunque sospechas andan por mudalla.

Yo sufro y muero y díjete, Señora:
«¿Cuándo será aquel día que estaré   10
libre de esta contienda en tu presencia?»

Respóndeme tu saña matadora:
«Juzga lo que ha de ser por lo que fue,
que menos son tus males en ausencia».

XIV

En la fuente más clara y apartada
del monte al casto coro consagrado,
vi entre las nueve hermanas asentada
una hermosa ninfa al diestro lado.

En cabello se estaba, coronada   5
de verde hiedra y arrayán mezclado,
en traje extraño y lengua desusada,
dando y quitando leyes a su grado.

Vi como sobre todas parecía;
que no fue poco ver hombre mortal   10
inmortal hermosura y voz divina.

Y conocila ser doña María,
la que al cielo dio al mundo por señal
de la parte mejor que en sí tenía.

XV

Gasto en males la vida, y amor crece,
en males crece amor y allí se cría,
esfuerza el alma, y a hacer se ofrece,
de la pena costumbre y compañía.

No me espanto de vida que padece   5
tan brava servidumbre y que porfía;
mas espantome cómo no enloquece
con el bien que ve en otros cada día.

En dura ley, en conocido engaño,
huelga el triste, Señora, de vivir,   10
y tú, que le persigues la paciencia.

¡Oh cruda tema! ¡Oh áspera sentencia!
que por fuerza me fuerzas a sufrir
los placeres ajenos y mi daño.

XVI

Como el hombre que huelga de soñar,
y nace su holganza de locura,
me viene a mí con este imaginar;
que no hay en mi dolencia mejor cura.

Puso amor en mi mano mi ventura,   5
mas puso lo peor, pues el penar
me hace por razón desvariar,
como el que viendo, vive en noche oscura.

Veo venir el mal, no sé huir;
escojo lo peor cuando es llegado,   10
cualquier tiempo me estorba la jornada.

¿Qué puedo yo esperar del porvenir,
si el pasado es mejor, por ser pasado?
Que en mi sangre es mejor lo que no es nada.

Señora, la del arco y las saetas,
que anda siempre cazando en despoblado,
dígame, por su vida, ¿no ha topado
quien le meta las manos a las tetas?

Andando entre las selvas más secretas   5
corriendo tras un corzo o venado
¿qué no ha habido un pastor desvergonzado
que le enseñe el son de las gambetas?

Hará unos milagrones y asquecillos
diciendo que a una diosa consagrada   10
nadie se atreverá, siendo tan casta.

Allá para sus ninfas eso basta,
mas acá para el vulgo ¡por Dios, nada!
que quienquiera se pasa dos gritillos.

XVIII

Lenguas extrañas y diversa gente
a esta fiera cruel amando sigue;
ella huye de todos, y persigue
a cada cual por donde más lo siente.

Da a gustar el corazón caliente   5
a unos de otros, porque nos obligue;
ninguno lo entendió que no castigue,

aunque nadie lo prueba que escarmiente.
Su gloria es encubrir pechos abiertos
y publicar entrañas escondidas.   10

¡Oh compuesto de varios desconciertos,
que a nuestra propia carne nos convidas,
y después que a tus pies nos tienes muertos,
por los que llegan sanos nos olvidas!

XIX

Tráeme amor de pensamiento vano
a cuidado y enojo verdadero,
y muéstrame el comienzo hacedero
y todo inconveniente muy liviano.

Y si con él me veo mano a mano,   5
hallole ser de mí tan extranjero,
que él, que parecía más ligero,
me parece pesado y inhumano.

Yo me vi tan metido en la celada,
que deseé pagarlo con la vida;   10
mas el alma, que fuera de sí estaba,

como para la muerte hay salida,
volviese a comenzar otra jornada;
mas esta para mí nunca se acaba.

XX

Amor me dijo en mi primera edad:
«Si amares no te cures de razón»
Siguió su voluntad mi corazón;
mas él nunca siguió mi voluntad.

tráeme ciego de verdad en verdad;   5
ya yo sería contento en mi pasión,
que con falsa esperanza de ocasión
me sostenga siquiera en vanidad.

Tanto sería de vana esta esperanza,
que no podría caber en mi sentido   10
ni en consejo de amor ni en vanagloria,

que finja yo que estoy en tu memoria,
señora, ni lo espero ni lo pido;
que no es bien de afligidos confianza.

XXI

«¡Si fuese muerto ya mi pensamiento,
y pasase mi vida sí durmiendo
sueño de eterno olvido, no sintiendo
pena o gloria, descanso ni tormento!

Triste vida es tener el sentimiento   5
tal, que huye sentir lo que desea.
Su pensamiento a otros lisonjea;
yo enemigo de mí siempre lo siento.

Con chismerías de enojo y de cuidado
me viene, que es peor de cuanto peno;   10
si algún placer me trae, con él me va,

como a madre con hijo regalado,
que si llorando pide algún veneno,
tan ciega está de amor, que se le da.

XXII

El hombre que doliente está de muerte
y vecino a aquel trago temeroso,
cualquiera beneficio le es dañoso
y en la causa del mal se le convierte.

Así mi alma triste en solo verte   5
halla daño, si busca haber reposo,
viniendo del bien cierto el mal dudoso,
del dulce verte, el duro conocerte.

La vana fantasía y confianza
en desesperación se torna luego   10
que el seso reconoce la ocasión.

Donde vence el remedio la pasión
sobrado ver es luz que torna ciego,
y confiado vivir sin esperanza.

XXIII

Tibio en amores no sea yo jamás;
frío, o caliente en fuego todo ardido;
cuando amor no saca el seso de compás,
ni el mal es mal, ni el bien es conocido.

Poco ama el que no pierde el sentido   5
y el seso y la paciencia deja atrás;
y no muere de amor, sino de olvido,
el que de amores piensa saber más.

Como nave que corre en noche oscura
por brava playa con recio temporal,   10
déjase al viento, y métese a la mar;

así yo en el peligro del penar,
añadiendo más males a mi mal,
en desesperación busco ventura.

XXIV

Planta enemiga al mundo, y aun al cielo,
que nos encubres tanta hermosura,
véate yo perdida la verdura
y esparcidas las hojas por el suelo,

si la escondes movida con buen celo,   5
porque no pueda verse tal figura
sin muerte y conocida sepultura,
aunque en mirarla no falta consuelo.

Al ser de ella vencido es la victoria,
y la muerte peor es el no verla;   10
mas ya que porque no mueran los vivos

acuerdas de engañarnos y esconderla,
a los que somos muertos y cautivos
¿Por qué quieres quitarnos esta gloria?

XXV

A la ribera de la mar sentada,
sobre el sepulcro de Ayax Telamón,
la Fortaleza estaba despechada,
moviendo contra Grecia indignación.

Los cabellos de hierro y la acerada   5
veste rompía al llanto y turbación;
la gente se alteró, y aunque espantada,
quiso de ella entender su alteración.

Respondió, vuelto el rostro a los troyanos:
«Aun por haceros Grecia mayor mengua,   10
contra Ayax por Ulises sentenció,

desposeyendo aquellas fuertes manos,
y entregando a la vil y flaca lengua
las armas con que Aquiles os venció».

XXVI

El Escudo de Aquiles, que bañado
en la sangre de Héctor, con afrenta
de Grecia y Asia fue mal entregado
a Ulises, por varón de mayor cuenta.

Sobre el sepulcro de Ayax fue hallado;   5
que Ulises, levantándose tormenta,
entre las otras tropas lo había echado
en la mar, por dejar la nave exenta.

Alguno, visto el nuevo acaecimiento,
dijo, quizá movido en su conciencia: 10
«¡Oh juez sin razón ni fundamento!

«Que el conocido error de tu imprudencia
vean la ciega fortuna y ciego viento,
y el loco mar entienda tu sentencia».

XXVII

Alcé los ojos, de llorar cansados,
por tornar al descanso que solía;
y como no lo vi donde solía
abajelos con lágrimas bañados.

Si algún bien yo hallaba en mis cuidados,   5
cuando por más contento me tenía,
pues que ya la perdí por culpa mía,
razón es que los llore ahora doblados.

Tendí todas las velas en bonanza,
sin recelar humano entendimiento;   10
alzose una borrasca de mudanza,

como si tierra y mar y fuego y viento
no me fueran en contra mi esperanza,
y castigaran solo el sufrimiento.

XXVIII

Domado ya el Oriente, Saladino,
desplegando las bárbaras banderas
por la orilla del Nilo, le convino
asentar su real en las riberas.

Lenguas le rodeaban lisonjeras,   5
compaña que a los reyes de contino
sola sigue en las burlas y en las veras,
loándoles el bueno y mal camino.

Contaban el Egipto sojuzgado,
Francia rota y el mar Rojo en cadena   10
mostrábanle su ejército y poder.

Respondioles: «Aquí se puede ver
donde acabó su gloria, en esta arena,
el gran Pompeo, muerto y no enterrado».

XXIX

¿Qué cuerpo yace en esta sepultura?
¿Quién eres tú, que encima estás sentada
mesando tus cabellos, la figura,
sangrienta de tus uñas, y rasgada?

Los huesos y ceniza consagrada   5
de Aníbal, que a pagado a la natura
la deuda postrimera, y yo la armada
diosa que en las batallas da ventura.

Quéjome de los hados inhumanos,
que a tal varón hicieron tanto mal,   10
y del miedo y vileza de Cartago;

mas quédome un consuelo en lo que hago;
que él mismo se mató, porque a Aníbal
no pudieran vencer sino sus manos.

XXX

Tu gracia, tu encanto, tu hermosura
muestra todo del Cielo, retirada,
como cosa que está sobre natura,
ni pudiera ser vista ni pintada.

Pero yo, que en el alma tu figura   5
tengo, en humana forma abreviada,
tal hice retratarte de pintura
que el amor te dejó en ella estampada.

No por ambición vana o por memoria
tuya, o ya para manifestar mis males;   10
mas por verte más veces que te veo.

Y por solo gozar de tanta gloria,
señora, con los ojos corporales,
como con los del alma y del deseo.

XXXI

Hame traído amor a tal partido
que no puedo ni quiero conocerme;
cuantas armas tenía le he rendido,
pues le di la razón para vencerme.

Hombre nací y por hombre era tenido;   5
pudieran seso y arte socorrerme,
el tiempo, la experiencia y el sentido;
mas todo lo dejé, y quise perderme.

Gran mal, Señora, es que el hombre entiende
cuánto aparta de sí, y no se arrepiente,   10
y que sabe cuan poco bien espera;

que vive y morirá de esta manera,
fuera de humana forma o accidente,
sino de querer bien; que no se aprende.

XXXII

Gracias te pide, Amor; no las merece
quien te las pide; ni tanto bien espera,
sea limosna o sea piedad siquiera,
y sea a la ocasión que ahora se ofrece.

Cualquiera beneficio mengua o crece   5
con el lugar, el tiempo y la manera;
pero la diferencia verdadera
es dar y socorrer a quien padece.

Lo que una vez la fuerza o la destreza
no pueden acabar, aquello mismo   10
acaba una palabra descuidada.

Señora, considera tu grandeza
y el tiempo: que ahora puedes con nonada
levantarme del hondo del abismo.

XXXIII

Por tan difícil parte me han llevado
los importunos años que he vivido,
que aun bien el medio de ellos no he cumplido,
y mil veces el fin he deseado.

Y toda la esperanza por do he andado,   5
de un mal a otro mayor siempre he venido;
en fin, a tal extremo soy traído,
que no puedo temer más triste estado.

Ansí que, ya sin bien, sin confianza,
estoy de aqueste mal, que ahora muero,   10
podría ya muy bien hacer mudanza;

mas tanto por la causa mi mal quiero,
que siento que me estraga la esperanza,
y estoy harto mejor si desespero.

XXXIV

Aquestos vientos ásperos y helados,
de espesas nubes y tinieblas llenos,
de ardientes rayos y terribles truenos
con súbitos relámpagos rasgados,

aunque en mi daño siempre conjurados,   5
ya fueron tiempos claros y serenos,
de mi dudoso bien terceros buenos,
y en esperar mi gloria prosperados.

¡Cuán presto pasa un temple del verano,
y cuán despacio destemplados tiempos,   10
y cuánto cuesta un bien no conocido!

¡Ay buena suerte y venturosa! en vano
triste la larga en breves pasatiempos
del tiempo bien llorado y mal perdido.

XXXV

Pedís, Reina, un soneto; ya le hago;
ya el primer verso y el segundo es hecho;
si el tercero me sale de provecho
con otro verso en un cuarteto os pago.

Si llego al quinto; ¡España! ¡Santiago!   5
¡Fuera! que entro en el sexto. ¡Sí, buen pecho!
Si del séptimo salgo, gran derecho
tengo a salir lucido de este trago.

Ya tenemos a un cabo los cuartetos;
¿qué me decís, señora? ¿no ando bravo?   10
Mas sabe Dios si temo los tercetos.

Y si con bien este soneto acabo,
nunca en toda mi vida más sonetos,
¡ya deste, gloria a Dios, he visto el cabo!

XXXVI

A Luis Barahona de Soto

Un claro ingenio, un vivo entendimiento,
un sentido profundo, un raro aviso,
una varia lección y un decir liso,
cual, señor Soto, en vuestros versos siento;

Pocas veces el claro firmamento   5
a los mortales concederlos quiso,
y con razón aquel pastor de Anfriso
os llama para algún notable intento;

porque de vuestro ingenio e invención
piensa hacer industria por do pueda   10
subir la tosca rima a perfección.

Tenga la Parca el hilo, y en su rueda
Ríjase la fortuna por razón;
que puesto donde estáis, muy poco os queda.

XXXVII

No hay cosa más gastada, ni traída,
que la saya de Inés, y el pobre manto;
un cerrojo de cárcel no lo es tanto,
ni la playa del mar siempre batida.

No les da hora de huelga la perdida   5
en Pascua, ni Domingo, ni Disanto,
y tanto los aqueja, que me espanto
como no dan al traste con la vida.

La rueda de Ixión, que no sosiega,
y su pena infernal, que no reposa   10
respeto de este manto esta parada.

Pero la misma Inés tiene otra cosa
que su persona y ella no lo niega,
que está muy más traída y más gastada.

Sonetos recopilados por fray Juan Díaz Hidalgo, del hábito de San Juan, capellán y músico de cámara de Su Majestad

XXXVIII

Libro, pues que vas ante quien puede
quitar y poner leyes a su mando
ten cuenta con Damón, allá llegando
aunque Marfira más te mande y vede.

Sepas muy bien contar cuanto sucede   5
después que Damón vive lamentando;
y pues él va contigo allá cantando,
Marfira te oirá, que se lo debe.

En tanto quedo yo con tal recelo
cual con fortuna brava suele estar,   10
echando el hierro al mar, el marinero.

Lleno de afán y temeroso celo
si afierra el hierro de donde esperar
que todo afán es mero pasajero.

XXXIX

Salid lágrimas mías, ya cansadas
de estar en mi paciencia detenidas,
y siendo por mis pechos esparcidas,
serán mis penas tristes mitigadas.

De mil suspiros vais acompañadas,   5
y por tan gran razón seréis vertidas,
que si mi vida dura por mil vidas,
jamás espero veros acabadas.

Y si después, llegando el final día,
do por la muerte dejaré de veros,   10
hallase algún lugar mi fantasía,

el alma, que aun en muerte ha de quereros,
a solas sin el cuerpo lloraría
lo que en vida ha llorado sin moveros.

XL

Ora en la dulce ciencia embebecido,
ora en el uso de la ardiente espada,
ora con la mano y el sentido
puesto en seguir la caza levantada;

Ora el pesado cuerpo esté dormido,   5
ora el ánima atenta y desvelada,
siempre en le corazón tendré esculpido
tu hermosura y tu ser entretallada.

Entre gentes extrañas, do se encierra
el sol fuera del mundo y se desvía,   10
duraré y permaneceré de esta arte,

en el mar, en el cielo, y en la tierra
contemplaré la gloria de aquel día
que mi vista figura en toda parte.

XLI

Mil veces callo, que mover deseo
el cielo a gritos, y mil otras tiento
dar a mi lengua voz y movimiento,
que en silencio mortal yacer la veo.

Anda cual velocísimo correo   5
por dentro el alma el suelto pensamiento,
de llanto y de dolor lloroso acento,
y casi en el infierno un nuevo Orfeo.

No tiene la memoria a la esperanza
rastro de imagen dulce o deleitable   10
con que la voluntad viva segura.

Cuanto en mí hallo es maldición que alcanza
muerte que tarda, llanto inconsolable,
desdén del cielo, error de la ventura.

XLII

¡Hechos gloriosos! pues el alto cielo
os da la parte que os negó la tierra,
bien es que por trofeo de la guerra
se muestren vuestros huesos por el suelo.

Si justo desea, si honesto celo   5
en ánima gentil se anida o cierra,
ya me parece cierto que se entierra
por vos la Hesperia vuestra, o se alza al cielo.

No por vengaros, no, que no dejaste
a los vivos gozar de tanta gloria   10
que envuelta en vuestra sangre os la llevaste.

Sino es por mostrar que la memoria
de la gloriosa muerte que ganaste,
es aun más de envidiar que la victoria.

XLIII

Con estilo inmortal voy escribiendo
lo que estuviste, amiga, anoche hablando,
así lo estaba el alma señalando
al tiempo que lo estabas tú diciendo.

El seso y la memoria voy perdiendo,　　　　　5
la libertad perdida no cobrando,
y tú de no perderla estás jurando
al tiempo que me ves estar muriendo.

¿Qué pretendes hacer, dulce enemiga,
con la fingida paz que dan tus ojos?　　　　10
Ves un pastor aquí ha muerto rendido.

Entrégate, tirana, en mis despojos,
que no plega al amor por mí se diga
que contra tu querer vida he querido.

XLIV

Amor, lazo en arena solapado,
ponzoña entre la miel entremetida,
serpiente en arboleda recogida,
hondura que perturba el ancho vado.

León junto al camino agazapado,   5
halago que a la muerte nos convida,
centella que en tu ropa está metida,
castillo que debajo está minado.

Celada de contrarios tras de sierra,
falsario lamentar de cocodrilo,   10
polilla de las almas en la tierra.

Candela fabricada sin pabilo,
carbunco que en buscándolo se encierra,
¿Por qué me cortas de la vida el hilo?

XLV

Tiéneme el agua de los ojos ciego,
del corazón el fuego me maltrata,
cada cual de los dos por sí me mata,
mas nunca al fin de aquesta muerte llego.

Parte consume de aquesta agua el fuego,   5
y parte de este fuego el agua mata,
lo que el uno deshace y desbarata,
el otro torna y le renueva luego.

El uno vive cuando el otro muere,
yo con entrambos muero y vivo junto,   10
¡ay gran dolor! ¡ay desigual ventura!

Por si cada cual darme muerte quiere,
y impedidos el uno y otro al punto,
la vida me renuevan triste y dura.

XLVI

¿Adónde sufriré mi desventura?
que ya cansó la gente en lo poblado;
ya todos mis amigos me han dejado,
huyendo del temor de mi tristura.

En la agradable selva y espesura   5
las aguas de las fuentes me han faltado,
y teme el triste cuerpo fatigado
que al fin le ha de faltar la sepultura.

Hasta los animales escondidos
en la áspera montaña y sierra fría,   10
huyen del triste son de mis gemidos;

mas si volvéis por mí, señora mía,
hallaréis que en los campos extendidos,
ni en lo poblado, cabe mi alegría.

XLVII

Creciendo va el dolor y mi tormento,
vuéltome ha el amor al tiempo bueno;
jamás nunca se vio de penas lleno
ninguno por amores tan contento.

De amores muera yo si en esto os miento,   5
si no sois sola vos por quien yo peno,
y de mudarme de esto tan ajeno
cuan lejos de otro bravo pensamiento.

Mas temo no creeréis lo que yo os quiero,
que suele acontecer a un desdichado   10
estar siempre sujeto a mil temores.

Acordaros, mi bien, que por vos muero;
¿y no es victoria ser tan desdeñado,
quien muere como yo del mal que muero?

XLVIII

¡Oh carnero muy manso, oh buey hermoso!
manso trabajador siempre contento,
de tu mujer trazada y paramento,
mastín blando al que viene deseoso.

No se dirá por mí que hombre celoso,   5
que bravo, que feroz, y que sangriento,
destocado al sereno en grande asiento,
oyes de tu vecino el mal ocioso.

El que dentro tu casa está encerrado,
contemplando tus hechos y renombre,   10
dice: «¡Vivas mil años, padre honrado!

Que si todo el correr que está en tu nombre
a tus pies por natura fuera dado,
pudiéramos llamarte ciervo y hombre».

XLIX

Cuando las gentes van todas buscando
cómo tener placer y alegres días,
haciendo unos con otros alegrías,
sin jamás otra cosa estar pensando;

entonces ando yo imaginando   5
todas las penas y congojas mías,
revuelto el corazón en fantasías,
lágrimas dolorosas derramando;

visitando las tristes sepulturas,
interrogando almas infernales,   10
y ellas responden por claras figuras;

que no tienen consuelo allá en sus males
sino solo en sentir mis desventuras
a quien ningunas pueden ser iguales.

Sonetos satíricos y burlescos

L

Cortada sea la mano que te diere
puñada o mojicón, aunque más digas;
y pues que a ti misma no castigas,
castíguete el demonio si pudiere.

Encima de mis ojos lluevan higas;   5
haga vuestra merced cuanto quisiere,
que torne cualquier mal que me hiciere,
por remuneración de mis fatigas.

Puta vieja, traidora y hechicera,
no hay paciencia tan baja que no sea   10
virtud, aunque me arrastres por el suelo.

Quien quiebra la vasija en que se mea,
¡cuánto mejor hacedle un vasera
de escarlata, damasco o terciopelo!

¡Quién de tantos burdeles ha escapado
¡Quién de tantos burdeles ha escapado
y tantas puterías ha corrido,
que le traiga a las manos de Cupido,

al cabo y a la postre, su pecado!   5
Más querría un incordio en cada lado
y en la parte contraria un escupido,
que verme viejo, loco, entretenido

del viento, y en el aire enamorado.
Comencé este camino de temprano,   10
sin estar una hora libre de contienda,
y todo lo recojo ahora en suma.

Rapaz tiñoso, ten queda la mano,
que te daré de azotes con la venda,
y pelarte he las alas pluma a pluma.   15

Preciábase una dama de parlera,
y mucho más de grande apodadora,
y encontrando un galán así a deshora,
sin conocerle ni saber quien era,

le dijo, en ver su talle y su manera: 5
«Parecéis a San Pedro», y a la hora
riose muy de gana la señora,
como si al propio aquel apodo fuera.

Volvió el galán, y vio que no era fea,
y en el punto que allí se ve quien sabe,   10
le respondió con un gentil aviso:

«Mi reina, aunque San Pedro yo no sea,
a lo menos aquí traigo la llave
con que le podré abrir su paraíso.

LIII

Don Marte capitán, y crespa Aurora,
Venus la novia del herrero flaco,
Ceres la panadera, brindis Baco,
Palas mujer del duelo esgrimidora;

Apolo el antorchero y su señora,   5
la dama del laurel y del tabaco,
Eco la emparedada, Lepe, Caco,
Narciso el puto, la hortelana Flora;

Júpiter el fantasma hecho toro,
Juno celosa, perro de hortelano,   10
Mercurio su cartero con alones,

Celebraban con risa el triste lloro,
que por mi Ninfa hago, mano a mano,
sin dárseles por mí dos cagajones.

LIV

Dicen que dijo un sabio muy prudente
que el hombre era milagro, y fue loado;
otro dijo que era árbol trastornado;
mas cada cual habló del accidente.

Quien dijo que era mundo abreviado   5
declaró la razón cumplidamente,
porque sobre su centro está posado,
un ánima lo rige que él no siente.

Ánima no sentida y movedora,
tú que árbol y milagro, y mundo dentro   10
y mayores honduras ves al cabo,

mira el ojo del culo que es el centro,
y si árbol no tuviere, mi señora,
hallárasle dos centros en el rabo.

LV

Jorge, que fui ladrón hasta una paja,
en memoria de mi arte y suficiencia,
a la puerta consagro de esta Audiencia
este dedal de plomo, esta navaja.

Nunca entre noche y día hice ventaja,   5
ni entre manga y bragueta diferencia;
cualquier bolsa me daba la obediencia,
inclinábase a mí cualquier alhaja.

Teniendo tanta honra ya ganada,
no hay para que hollar pisadas viejas   10
ni andar del blanco al negro salpicando.

Recójome, aunque tarde, a la posada,
contento con dejar ambas orejas,
por no quedar al sol bamboleando.

LVI

Demócrates, deléitate y bebamos,
que para siempre no hemos de durar,
ni puede para siempre nadie estar
en esta vida en que ahora holgamos.

Y pues perdemos cuanto acá dejamos,   5
con ungüento oloroso nos untar
y guirnaldas la frente coronar
se procure, que al fin al fin llegamos.

La honra que merece la mortaja
quiero me la yo hacer en este mundo   10
y remojarme en cuanto vino sé;

que si de acá me llevo esta ventaja,
cuando después llegare en el profundo,
ahógueme el diluvio de Noé.

LVII

Esta piedra, puñal derrama seso,
este guante, este casco, este broquel,
la espada que rebana, como queso,
brazos, piernas, cabezas a tropel,

no pudiendo sufrir tan grave peso   5
como es la vida airada del burdel,
después de haber herido a Antón Sabueso,
salta atrás, y a las puertas cuelga de él.

Su cuerpo más arpado que un harnero,
un zafiro por medio de la haz;   10
en Vilches se recoge a ser ventero,

no por estar seguro y a solaz,
mas por servir a Dios tan por entero
que reciba su alma en santa paz.

LVIII

Este es el propio tiempo de mudarse
cuando el padre Hebrero nos enseña,
ora mostrando cara halagüeña,
ora mostrando al cielo de enojarse.

Cualquier hombre procure mejorarse   5
si no está satisfecho de su dueña;
estar en un propósito es de peña,
y del tiempo y del hombre es el mudarse.

Natura nos formó con mejor tino
de gusto, de elección, de quién, de cuándo,   10
y nosotros hacémonos atados.

Cada cual tome ejemplo en su vecino,
pues vemos a los gatos ir maullando
por bodegas, desvanes y tejados.

¡Oh Venus, alcahueta y hechicera,
que nos traes embaucados tierra y cielo,
cuántas veces, por falta de una estera,
hiciste monipodios en el suelo!

¡Cuántas veces te han visto andar en celo   5
tras los planetas machos, cachondera,
abrazada luchando pelo a pelo
y pellejo a pellejo dentro y fuera!

No me andes rodeando, puta vieja,
que no tengo tan dura la costilla;   10
guarda que está mi mano te apareja,

con un cuarto abrochado o calderilla,
un mínimo caudal de rabo a oreja,
cual nunca dio a mujer hombre en Castilla.

LX

A vos la cazadora gorda y flaca
que nunca os falta el moco y romadizo,
¿por qué un pastor a oscuras os lo hizo,
si de casta os precia, doña Bellaca?

Y si en la matadura de una jaca   5
os cebáis al entrar por cobertizo,
¿por qué traéis el mar espantadizo,
que no es poco sorberse una carraca?

Todos dicen que es Luna a trochemoche,
y tráenos el seso a la redonda   10
con esta vanidad e hipocresía;

pues si el sol no alumbrase a la cachonda,
no alcanzara más luz su señoría
que el rabo de una negra a medianoche.

LXI

Señora, la del arco y las saetas,
que anda siempre cazando en despoblado,
dígame, por su vida, ¿no ha topado
quien le meta las manos a las tetas?

Andando entre las selvas más secretas   5
corriendo tras un corzo o venado
¿qué no ha habido un pastor desvergonzado
que le enseñe el son de las gambetas?

Hará unos milagrones y asquecillos
diciendo que a una diosa consagrada   10
nadie se atreverá, siendo tan casta.

Allá para sus ninfas eso basta,
mas acá para el vulgo ¡por Dios, nada!
que quienquiera se pasa dos gritillos.

Libros a la carta

A la carta es un servicio especializado para

empresas,

librerías,

bibliotecas,

editoriales

y centros de enseñanza;

y permite confeccionar libros que, por su formato y concepción, sirven a los propósitos más específicos de estas instituciones.

Las empresas nos encargan ediciones personalizadas para marketing editorial o para regalos institucionales. Y los interesados solicitan, a título personal, ediciones antiguas, o no disponibles en el mercado; y las acompañan con notas y comentarios críticos.

Las ediciones tienen como apoyo un libro de estilo con todo tipo de referencias sobre los criterios de tratamiento tipográfico aplicados a nuestros libros que puede ser consultado en Linkgua-ediciones.com.

Linkgua edita por encargo diferentes versiones de una misma obra con distintos tratamientos ortotipográficos (actualizaciones de carácter divulgativo de un clásico, o versiones estrictamente fieles a la edición original de referencia).

Este servicio de ediciones a la carta le permitirá, si usted se dedica a la enseñanza, tener una forma de hacer pública su interpretación de un texto y, sobre una versión digitalizada «base», usted podrá introducir interpretaciones del texto fuente. Es un tópico que los profesores denuncien en clase los desmanes de una edición, o vayan comentando errores de interpretación de un texto y esta es una solución útil a esa necesidad del mundo académico.

Asimismo publicamos de manera sistemática, en un mismo catálogo, tesis doctorales y actas de congresos académicos, que son distribuidas a través de nuestra Web.

El servicio de «libros a la carta» funciona de dos formas.

1. Tenemos un fondo de libros digitalizados que usted puede personalizar en tiradas de al menos cinco ejemplares. Estas personalizaciones pueden ser de todo tipo: añadir notas de clase para uso de un grupo de

estudiantes, introducir logos corporativos para uso con fines de marketing empresarial, etc. etc.

2. Buscamos libros descatalogados de otras editoriales y los reeditamos en tiradas cortas a petición de un cliente.

Made in the USA
Monee, IL
07 July 2026

56644412R00049